本書について

本書は，高等学校情報科教科書「最新情報Ⅰ」および教科書準拠ノート「最新情報Ⅰ　学習ノート」の６章を抜き出し，取り扱うプログラミング言語をPythonに変更して１冊にまとめています。

掲載しているページ番号は教科書および教科書準拠ノートと同じになっています。

目次

■テキスト編■　「最新情報Ⅰ」６章　Python版

■学習ノート編■　「最新情報Ⅰ　学習ノート」６章　Python版

左のQRコードまたはURLにアクセスすると，
テキスト編および学習ノート編の解答を閲覧できます。
https://www.jikkyo.co.jp/pdf/jouhou6_python.pdf
※コンテンツ使用料は発生しませんが，通信料は自己負担となります。

1節 プログラミングの方法

1 アルゴリズムとその表記

1 アルゴリズム

アルゴリズム(algorithm)とは，計算や情報処理の手順を定式化したものをいう。定式化とは決まった形の式や言葉で表現することを表す。私たちの日常も，さまざまなアルゴリズムを用いて問題を解決しながら，生活している。

例題 1　SNSのメッセージを読むアルゴリズム

複数の未読のメッセージが届いている。メッセージを読んで必要な場合には返信をするアルゴリズムを書きなさい。

解答例

①未読メッセージがある間，⑤までの処理を繰り返す
②次の未読メッセージを開く
③未読メッセージを読む
④返信が必要ならば，返信する
⑤①に戻る

考察 実際の場面では，このような単純な手順に加えて，途中で話しかけられた時は中断するなど，複雑な判断を行いながら私たちは生活している。

アルゴリズムをコンピュータが実行できるように記述したものを**プログラム**(program)❶という。コンピュータはプログラムに記述されたアルゴリズムを，指示されたとおりに，高速で実行することができる。その一方で，指示された以外のことは実行できず，誤った手順を指示しても，そのとおり実行してしまう。アルゴリズムのチェックは，人が行うため，わかりやすく表現し，誤りがあっても修正できるようにしておく。

❶プログラムは，処理する順に並べた命令文の集合体ともいえる。命令文とは，コンピュータが処理できるプログラムの構成単位の一つでプログラミング言語の文法にのっとって記述される。

+α

●コンピュータと人間
同じアルゴリズムを処理する場合，人間はコンピュータに比べてアルゴリズムを処理する速さが遅く，誤って実行してしまうことがある。その一方で，アルゴリズムの誤りを発見したり改良したりすることができるというコンピュータにはない特徴をもっている。

2 アルゴリズムの表記

アルゴリズムをわかりやすく表現する方法の一つとして，**フローチャート**（flowchart）**（流れ図）**と呼ばれるものがある。フローチャートは，次のような記号を使用してアルゴリズムを表記する。フローチャート以外の表記法として，処理の流れを表現する**アクティビティ図**（activity diagram）や，機器などの状態の移り変わりを表現する**状態遷移図**（State Transition Diagram）❶がある。

■表 1　おもなフローチャート記号（JIS X 0121より）

名称	記号	意味
端子		開始と終了
データ		データ入出力
処理		演算などの処理
判断		条件による分岐
ループ始端		繰り返しの始まり
ループ終端		繰り返しの終わり
定義済み処理		別な場所で定義された処理
線		処理の流れ

例題 2　フローチャートを用いたアルゴリズムの表現

例題 1 で考えたアルゴリズムをフローチャートで表しなさい。

考え方 上述の記号を使って処理する順に上から下へ縦に並べていく。❷

解答例 フローチャートの場合

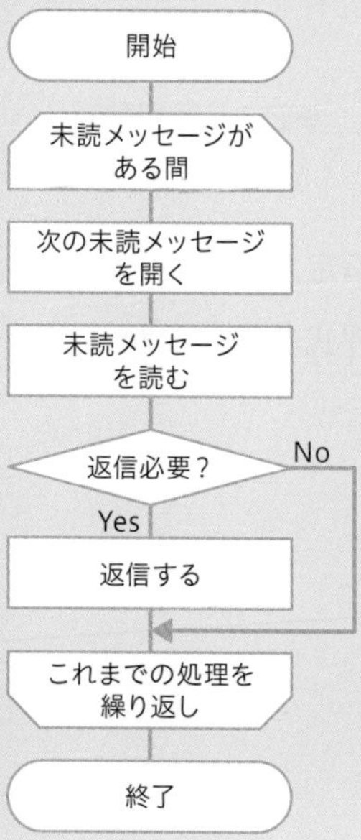

考察 アクティビティ図で表現すると次のようになる

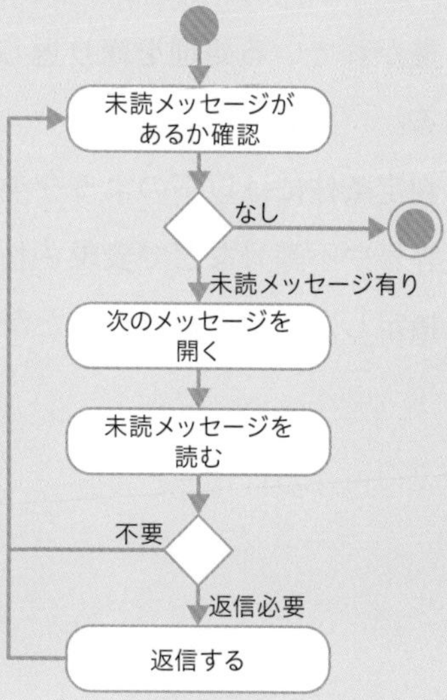

❶**状態遷移図の例**
教室の照明に関する状態遷移図

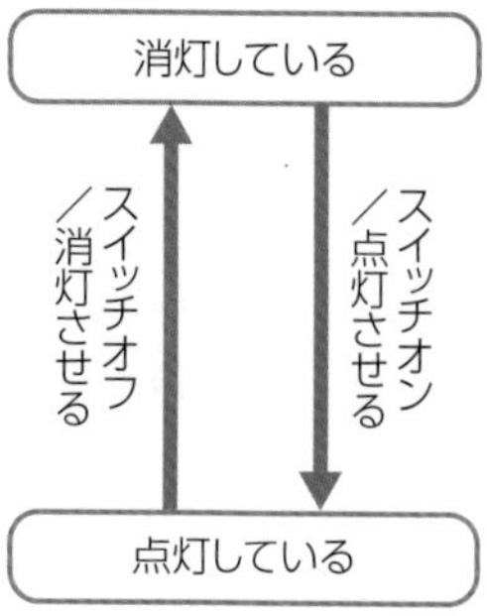

状態遷移図は，上記の例のように，どのような条件の時に，状態（照明が点灯している状態と消灯している状態）が遷移するか（切り替わるか）を表現する。

❷フローチャートやアクティビティ図は，上から下へ処理が流れるように表記する。

1010 0011　A3

3 基本制御構造とそのアルゴリズム

アルゴリズムは，順次構造，選択構造，反復構造の3つの基本制御構造で表現することができる。❶

❶これを構造化定理といい，以下のように定義される。
1つの入り口と1つの出口をもつアルゴリズムは，順次，選択，反復の3つの基本制御構造で表すことができる。

順次構造

各処理が直線的につながっている構造である。図1では，処理1，処理2の順に実行する。

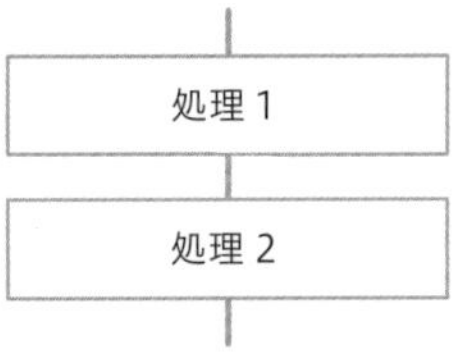

●図1　順次構造

選択構造（分岐構造）

条件によって実行する処理が分かれる構造である。条件は，Yes（真(しん)・True）かNo（偽(ぎ)・False）で答えられる形で定義する。図2では，条件が真の場合に処理1を実行し，偽の場合に処理2を実行する。

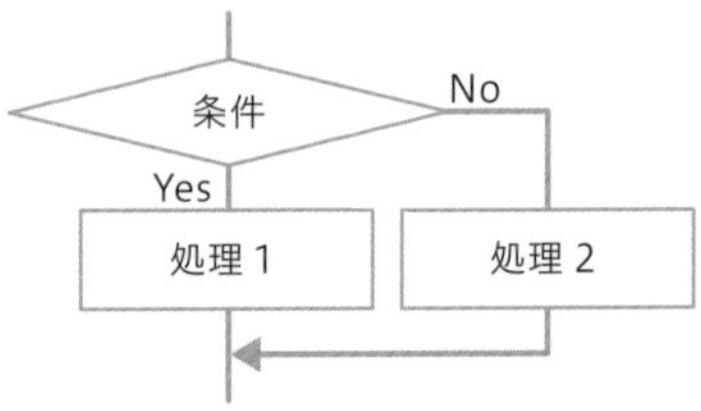

●図2　選択構造

反復構造（繰り返し構造）

判定条件が満たされている（真）の間，処理を繰り返し実行（ループ）する構造である。図3では，判定条件が真の間，ループ始端と終端の間に書かれている処理を繰り返し実行する。

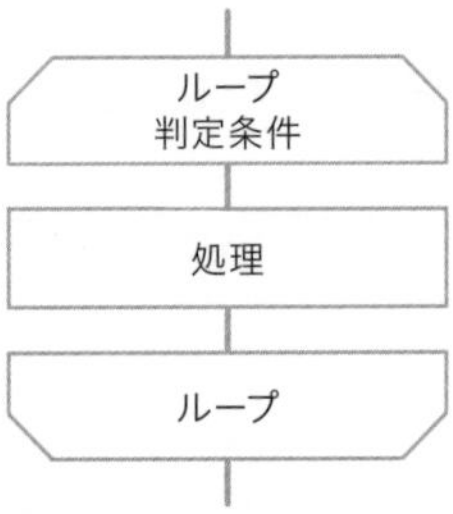

●図3　反復構造

判定条件には以下のような条件を指定する。

・等号や不等号などで表現される論理式を満たすか
・指定した回数を繰り返したか

例題 3　ゴールに到達するまでのアルゴリズム

図 4 のような迷路がある。次の 4 つのルールに従って，ゴールに到達するまでのアルゴリズムをフローチャートで表しなさい。

- 使用できる処理は，前に進む（1 マス進む），右に90°向く，左に90°向く，ドアを開ける，の 4 つである。
- ゴールにはドアが付いている。またドアが閉まっている場合は，ドアを開けてから入る必要がある。ドアの前に行くまで，ドアが開いているか閉まっているかはわからない。
- ドアが開いている状態で，「前に進む」と到着となる。
- 3 つの基本制御構造をすべて使用する。

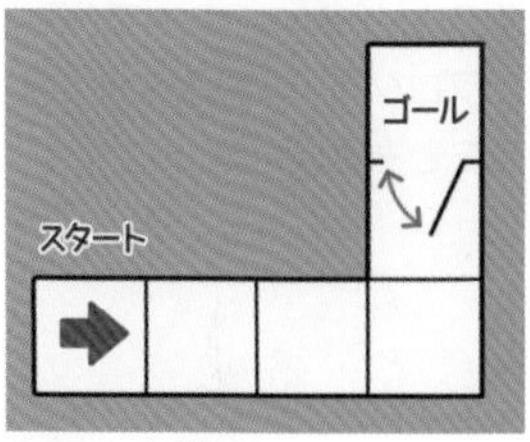

●図 4　迷路

考え方 ドアの状態によってその後の処理が変わる。この部分は，選択構造を使用する。

解答例

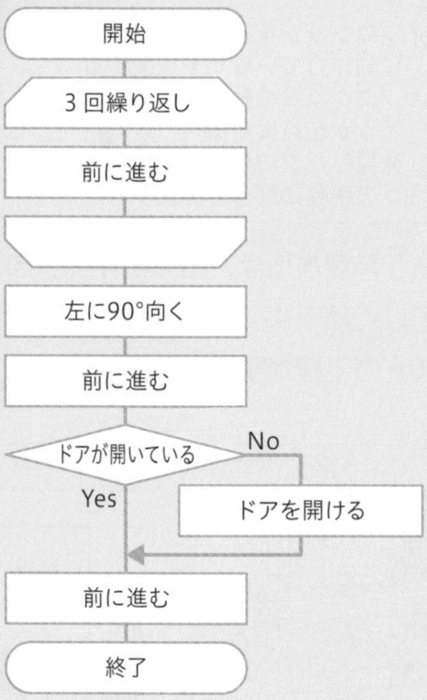

確認問題　次の迷路のゴールに到達するためのアルゴリズムを例題 3 と同じ条件で表しなさい。また，右に90°向くという処理ができない場合のアルゴリズムを表しなさい。

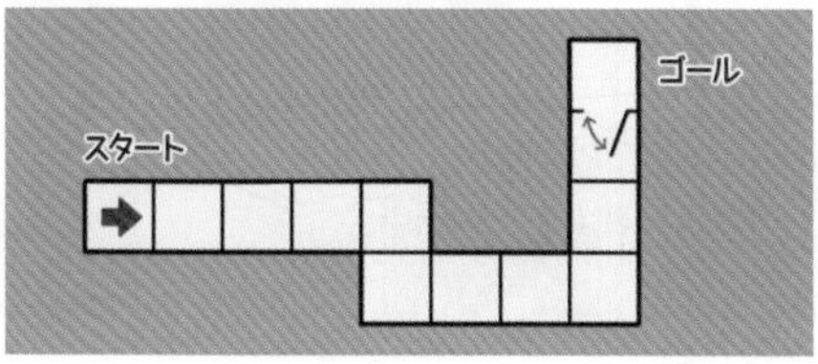

2 プログラミング言語

1 プログラミングの手順

プログラミングは，①**設計**(design)→②**コーディング**(coding)→③**テスト**(test)という３つの手順で実行されることが多い。

例題 1 プログラミングの手順

プログラミングの手順について，それぞれの手順で行うことを調べ，表にまとめなさい。

解答例

①設計	・使用するプログラミング言語を決める ・アルゴリズムを設計し，プログラムの流れをフローチャートなどで表現する
②コーディング	・実際にプログラミング言語でプログラムを作成する❶
③テスト	・プログラムを実行し，プログラムが設計通りに動作しているかを点検する ・プログラムの動作する速度や，無駄がないかどうかを点検する ・発見したプログラムの誤り❷は，プログラミングの手順に戻って修正する

考察 プログラミングという言葉からは，コーディングの手順だけをイメージしてしまうが，正しく効率よく動作するプログラムを完成させるためには，設計とテストの工程が重要になる。

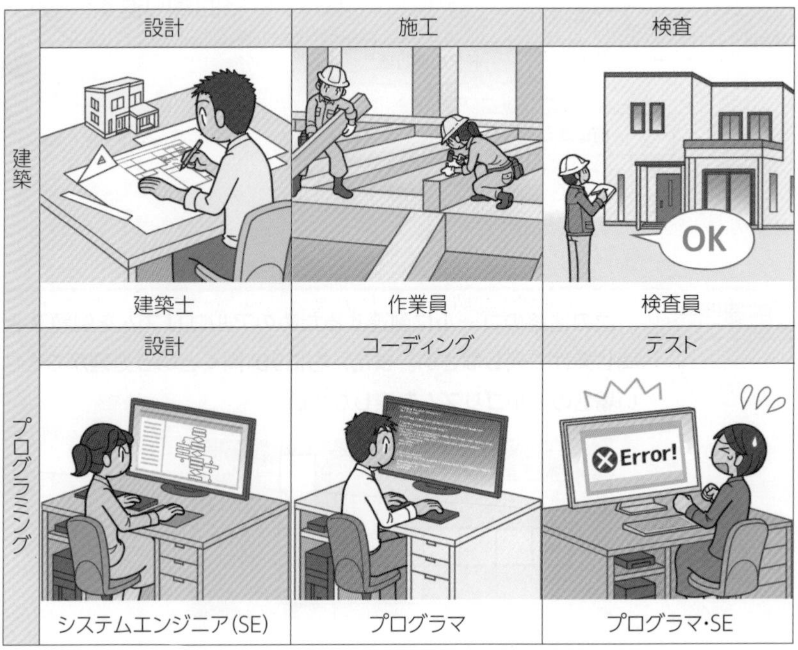

+α

●**プログラミングの手順と役割**

実際のプログラミングの現場では，設計はSE（システムエンジニア）と呼ばれる人が行い，プログラミングはプログラマが行う。テストは，プログラマがテストした後にSEがテストすることが多い。１人でSEとプログラマの役割を兼ねることもある。

❶プログラミング言語で記述した文字列をソースコード（source code）という。

❷プログラムの誤りをバグ（bug）ともいう。誤りは，文法エラーと論理エラーなどに分けられる。文法エラーは命令文のつづりを間違えるなどの理由で，プログラムが正常に実行できないものを指す。論理エラーは，プログラムは正常に実行できるが，意図した結果にならないものを指す。アルゴリズムが誤っている時などに発生する。

+α

●**プログラムのアップデート**

テストまで終わったからといっても，プログラムが完成したわけではない。実際に使用して行く中で発見されるバグの修正や，改善要望に対応するため，必要に応じて何度も設計からテストまでの手順を繰り返し行い，プログラムを改善する。

2 プログラミング言語の種類と選択

プログラミング言語にはたくさんの種類があり，それぞれの特徴や実績をもとに，作成したいプログラムに合わせて選択する必要がある。

コンピュータが直接理解できるのは，**機械語**(machine language)という0と1だけで記されたプログラムだけである。機械語を英数字に置き換えて，人間にわかりやすくしたものが**アセンブリ言語**(assembly language)である。これらをまとめて，**低水準言語**(low-level programming language)という。これとは別に人間が使用している数式や言葉に近い表現にしたものを，**高水準言語**(high-level programming language)という。コンピュータは機械語しか理解できないため，高水準言語のプログラムは機械語に**翻訳**(ほんやく)する必要がある。実行前にまとめて翻訳する言語を**コンパイラ言語**，命令文を一つずつ翻訳しながら実行される言語を**インタプリタ言語**という。❶

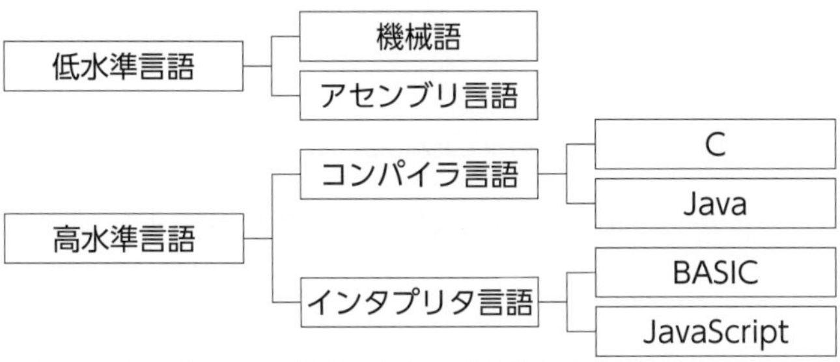

●図1　プログラミング言語の分類と代表的なプログラミング言語

プログラムは，プログラムの構造や計算に関する考え方により，**手続き型**，**オブジェクト指向型**，**関数型**などに分類することもできる。手続き型❷では，プログラムの手順を順番に記述する。オブジェクト指向型❸では，データとそのデータに対する処理をまとめて記述する。関数型❹では，プログラムを関数の集まりとして記述する。❺

プログラムを設計する際には，プログラミング言語の特徴と，プログラムの目的や実行するコンピュータの種類などを考慮してプログラミング言語を選択する必要がある。

確認問題　プログラミング言語の種類を調べて，それらがどのような特徴をもつかまとめなさい。

❶実行とプログラムの翻訳を同時に行う動的コンパイルの機能をもつ言語など，両方の特徴をあわせもつ言語が登場しており，はっきりとは分けられなくなってきている。

+α

●コンパイラ

ソースコードを翻訳するソフトをコンパイラ(compiler)という。

●スクリプト言語

スクリプト言語とは，プログラムを簡単に記述できるように設計された，インタプリタ型の言語である。インタプリタ型の言語とのはっきりした区別はなく，Ruby，JavaScript，Pythonなど汎用的なプログラムを作成できる高機能な言語が複数存在する。

❷代表的な言語として，BASIC，Fortran，Cなどがある。

❸代表的な言語として，Java，JavaScript，C++，Swiftなどがある。

❹代表的な言語として，Haskell，Lisp，Scalaなどがある。

❺一つの言語で，手続き型プログラミングも，オブジェクト指向型プログラミングも，関数型プログラミングも行うことができる複数の側面をもった言語も存在する。

2節 プログラミングの実践（Python対応）

1 プログラミングの方法

1 変数を使用したプログラム

ここでは，スクリプト言語の一つであるPython（パイソン）を使用する。

変数とは，メモリ上のデータ(値)を格納する領域のことをいい，その領域に付けた名前を**変数名**という。値を格納できる箱に例えられる。変数を使用するためには，変数名を宣言する必要がある。プログラミング言語によっては，格納するデータの型❶もあわせて宣言する必要がある。❷

例題 1　2つの値を足し算するプログラム

変数a，bに代入❸した２つの値を足し算した結果を表示するプログラムを作成しなさい。

考え方 次のアルゴリズムで作成する。

①変数aを宣言し，値を代入
②変数bを宣言し，値を代入
③変数answrを宣言し，a+bの結果を代入
④変数answrの値を表示

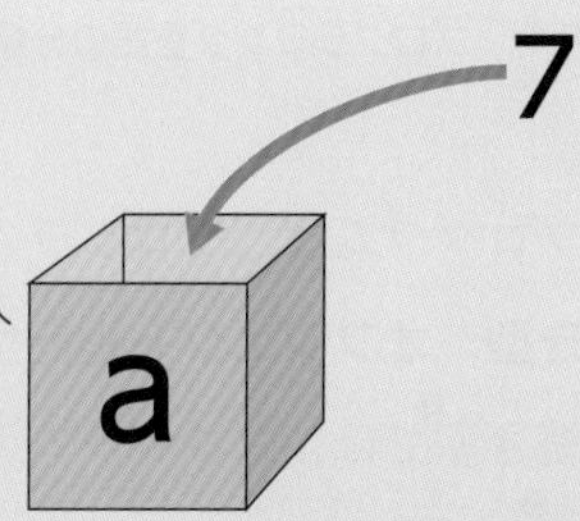

解答例

```
a = 7               ←Pythonでは変数に値を代入することで変数を宣言する
b = 4
answr = a + b       ←変数answrを宣言し，a+bの結果を代入する
print(answr)❹       ←変数answrの値を表示する
```

確認問題　変数a，bに代入した値を掛け算した結果を表示するように，例題１のプログラムを変更しなさい。

❶**Pythonにおける変数の型の例**
型：格納できる値
Int：整数
float：実数

❷Pythonの場合，変数に代入するデータをもとに変数の型を自動的に判定するため，明示的に変数の型を宣言する必要がない。

❸変数に値を格納することを代入といい，＝の右側の値を左側の変数に格納する。a=５と書くと，５が変数aに代入され，a=bと書くと変数bの値がaに代入される。a=a+１と書くと，変数aの値に１を加えた値が，変数aに格納される。

❹**print関数**
print(変数名)と記述すると，変数の値を表示する。print('文字列')と記述すると，「'」(シングルコーテーション)で囲まれた文字列をそのまま表示する。

2 選択構造を使用したプログラム

プログラムの流れを変える命令文を**制御文**という。この制御文を使用した選択構造のプログラムを扱う。

例題 2 約数かどうかを判定するプログラム

変数bの値が，変数aの値の約数かどうか判定して，結果を表示するアルゴリズムを以下のように考えた。このアルゴリズムをもとにフローチャートとプログラムを作成しなさい。

①変数a，bにそれぞれ値を代入する

②変数aを変数bで割った余りを計算し，変数rmndrに代入する

③変数rmndrが 0 なら，‘約数である’と表示し，それ以外なら，‘約数ではない’と表示する

考え方 選択構造の制御文であるif文を使用する。ifに続けて記述した条件が成り立つ場合は処理 1 が実行され，成り立たない場合は，処理 2 が実行される。elseと処理 2 は省略することができる。

if文の記述方法

```
if 条件:
    処理1
else:
    処理2
```

解答例

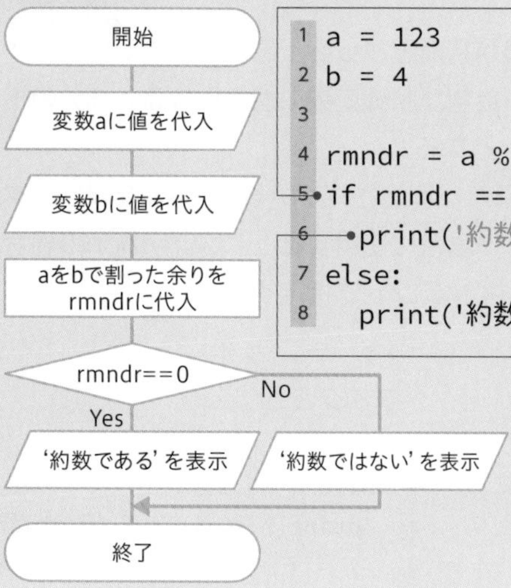


```
1 a = 123
2 b = 4
3
4 rmndr = a % b
5 if rmndr == 0:
6     print('約数である')
7 else:
8     print('約数ではない')
```

←余りを計算する演算子%を使用する（4行）

←等しいかどうか判定する演算子==を使用する（5行）

←条件が成り立つ場合の処理（6行）

←成り立たない場合の処理（8行）

このような字下げのことをインデントという。Pythonでは，インデントによって処理のまとまりが判定される。例えば，この条件が成り立つ場合の処理は，7行目のelse:でインデントが左寄せに戻っているため，その前の行までと判定される。

+α

●**変数名と予約語**

変数名は，予約語と呼ばれる言葉を除き，自由に付けることができるが使用する言語によって変数名に使える文字や記号が決まっているので注意する。予約語とは，関数（→p.172）名などプログラミング言語で使い方が決まっている単語を指す。

+α

●**変数名の付け方**

a，bといった変数名は入力しやすいが，後で見た時に何を表す変数かわかりにくい。後からプログラムを修正したり，他の人が見たりすることを想定し，できるだけ意味がわかる名前を付ける必要がある。複数の人でプログラムを作成する場合は，事前に変数名の付け方のルールを決める場合が多い。

3 反復構造を使用したプログラム

ここでは，反復構造の制御文を使用したプログラムを扱う。

例題 3 九九の７の段を表示するプログラム

次に示した九九の７の段を表示するアルゴリズムを参考にして，フローチャートとプログラムを作成しなさい。

①変数 i❶を宣言

② i を 1 から 9 まで繰り返し

③ 7 × i の結果を表示

④ i に 1 を加える

⑤ここまで繰り返し

考え方 for文またはwhile文を使用する。

・for文の記述方法

　for 制御変数 in range(初期値，終了値，増分):

　　処理

・while文の記述方法

　while 条件:

　　処理

for文の場合，制御変数の値が初期値から終了値になるまで❷繰り返す。繰り返すたびに増分で指定した値が制御変数に加えられる。増分の指定を省略❸した場合，増分は 1 となる。

while文の場合，指定した条件が満たされている間，処理を繰り返す。繰り返しの回数が決まってない場合に使用するとよい。Pythonの場合，繰り返す処理のまとまりは，インデントで指定する。

解答例

プログラム①

```
for i in range(1, 10):
  print(7 * i)
```

プログラム②

```
i = 1
while i <= 9:
  print(7 * i)
  i = i + 1
```

インデントで繰り返す処理のまとまりを指定する。

❶反復の回数を数えるために用意する変数の名前には，慣習でi，j，kを使用することが多い。

❷Pythonでは制御変数の値が終了値と等しくなった場合は，処理が実行されないことに注意する。

❸設定を省略した時に使用される値のことを，デフォルトまたはデフォルト値という。

開始
変数iを宣言
i=1 から 9 まで繰り返し
7×i の結果を表示
iに 1 を加える
ここまで繰り返し
終了

AA 1010 1010

4 配列

配列とは，同じ型の変数をいくつも集めて一つの名前を付けたものである。マンションの部屋が順番に並んでいる状態に例えられる。部屋にあたる一つひとつの変数を**要素**という。マンションの部屋をマンション名と部屋番号で表すように，配列の要素は配列名と番号で表す。この番号を**添字**（**インデックス**）という。

配列を使用するには，配列名と型，大きさを宣言する必要がある。大きさの宣言は，要素の数を宣言するものや，要素の最大の番号を宣言するものなど，プログラミング言語によって違いがある。また，添字が０から始まるもの，１から始まるもの，などの違いもあるので，扱いに注意する必要がある。❶

例題 4　九九の７の段を配列に格納するプログラム

例題３のプログラム①を変更し，九九の７の段を配列に格納し，そのうち，添字４の要素を表示するプログラムを作成しなさい。

考え方 要素の数を決めずにリストを宣言し，反復構造を利用して要素を追加していくとよい。また，わかりやすさのため，a[0]に７×０，a[1]に７×１が格納されるようにするとよい。

解答例

```
a = []                        ←要素の数を決めずに，リストaを宣言
for i in range(0, 10):        ←iが0から9まで繰り返し
  a.append(7 * i)             ←リストaに要素を追加し，7×iの値を代入

print(a[4])                   ←添字4の要素を表示
```

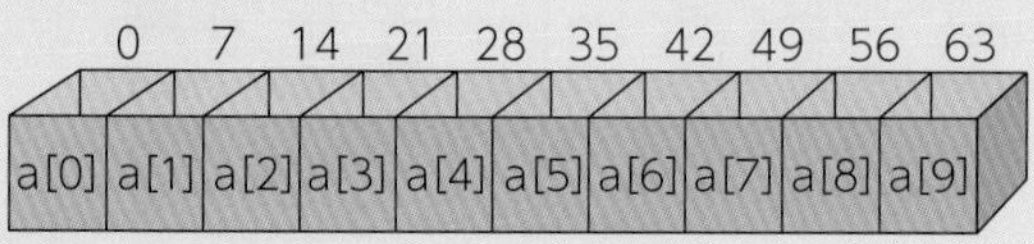

確認問題

(1) 例題３のプログラム①を，例題３の実行結果のうち，７×奇数の結果だけが表示されるプログラムに変更しなさい。

(2) 例題４のプログラムを，リストaに格納されている九九の７の段の値と反復構造を用いて，a[1]からa[9]まで表示するプログラムに変更しなさい。

❶Pythonにおける配列の扱い

Pythonでは，リストと呼ばれる機能が配列の役割を担っている。おもな宣言の仕方は以下の２通りである。

- 要素の数を決めずに宣言する方法
  a = []
- 要素に値を代入して宣言する方法
  a = [3,4,5]

この場合，３つの要素をもったリストが作成され，添字０の要素に３，添字１の要素に４がそれぞれ格納される。

いずれの方法で宣言した場合も，

リスト名.append[値]

と記述すると，リストに要素が追加され，値を格納することができる。

6

+α

●リスト構造

リスト構造は，データと次のデータへのリンクをもつデータ構造である。配列と比較すると，データの追加や途中への挿入が容易というメリットがある。一方，最初のデータから順にたどる必要があるため，データへのアクセスに時間がかかるというデメリットがある（Pythonのリストは，ここで述べたリスト構造とは異なる）。

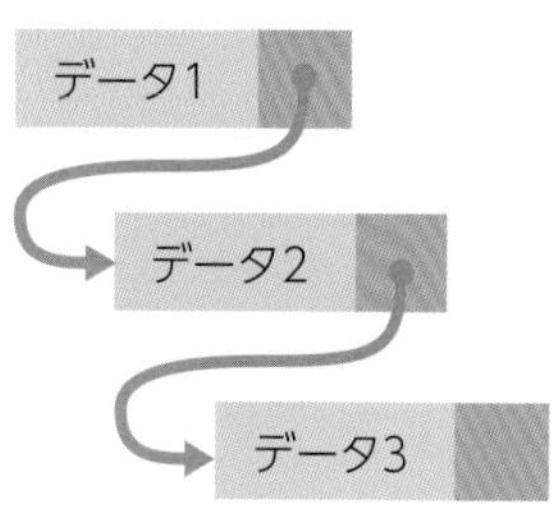

2 関数を使用したプログラム

1 関数とは

プログラムの規模が大きくなると，同じ処理を複数の箇所で行う必要が生じることが多い。同じ処理が複数の箇所に記述してあると，プログラムが長くなり読みにくくなると同時に，修正やテストの手間が多くなる。そのため，プログラミング言語には，その部分を抜き出して別に記述することができる機能が用意されている。抜き出して記述した部分を，**関数**❶と呼ぶ。

関数は図1のように，引数を受け取り，一連の処理を行って，**戻り値**を返す。関数を使用する側から見ると，引数を渡して関数を呼び出し，戻り値を受け取る，という処理となる。

❶プログラミング言語によっては，関数のことを，プロシージャやサブルーチンと呼ぶものもある。フローチャートでは定義済み処理の記号で記述する。

●図1　関数と引数・戻り値

例題 1　自動販売機を関数と見立てた時の引数と戻り値

関数とは受け取った引数をもとに処理を行って結果を返すものなので，清涼飲料水の自動販売機のような機械も関数とみなすことができる。この場合，引数と戻り値はそれぞれ何にあたるか整理しなさい。

解答例

引数	投入金額 押したボタン
戻り値	清涼飲料水

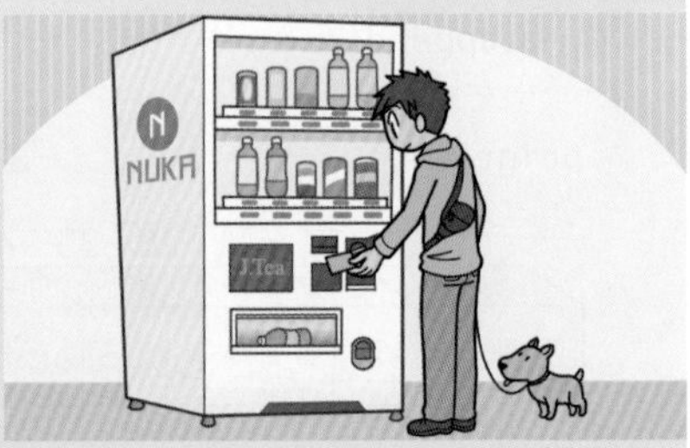

考察　数学で扱う関数は，引数，戻り値ともに数値であることが一般的であるが，もともとの関数の概念では，数値以外のものも引数，戻り値になりうる。プログラミング言語で扱う関数は，数値以外の文字などを引数や戻り値にすることができる。

また，解答例以外にも，釣銭が出てくる場合や，売り切れで清涼飲料水が出ない場合など，戻り値にはいろいろなケースが考えられる。このように見ていくと，単純に見える自動販売機も実際は複雑な関数であることがわかる。

2 関数の定義

プログラミング言語で使用できる関数は，プログラミング言語によってあらかじめ用意されている関数と，プログラムの作成者が任意に定義するユーザ定義関数に分かれる。

例題 2 四捨五入の処理をするユーザ定義関数

正の小数を小数第一位で四捨五入する関数を関数名myroundとして作成しなさい。

考え方 四捨五入は，四捨五入をする値に0.5を加えて小数点以下を切り捨てて求める。

引数と戻り値❶を表のように整理しておく❷。また，あらかじめ，関数を呼び出すプログラム①を作成しておく。作成する関数myroundのプログラムは，プログラム①より前に記述する必要がある。

	名前	意味
引数	round_value	四捨五入をする値
戻り値		四捨五入した結果

プログラム①

```
a = 7.4
print(myround(a))
b = 7.5
print(myround(b))
```

解答例

```
def myround(round_value):
  a = round_value + 0.5
  b = int(a)
  return b
```

int関数
引数で指定した数値を超えない最大の整数を返す関数

変数bを戻り値に設定している

別の関数やプログラムから参照できない変数を**ローカル変数**という。例題２のプログラム①と関数では，変数a，bという同じ名称の変数を使用しているが，それぞれ別の変数として扱われる。それは，これらの変数がローカル変数として宣言されているからである。一方，どの関数やプログラムからでも参照できる変数を**グローバル変数**という。

❶引数が複数ある関数を定義することもできる。戻り値は原則として一つである。

❷関数は，複数のプログラムから呼び出される可能性がある。規模が大きなプログラムの開発になると，関数を作成する人と，呼び出すプログラムを作る人が分かれていることもある。そのため，引数や戻り値の意味を，わかりやすく記述しておく必要がある。

6

+α

●グローバル変数のメリットとデメリット

物理定数など決まった値や元号などあまり変更されない値をグローバル変数で定義すれば，複数のプログラムでそれぞれ定義しないですむ上，変更する場合も一度だけでよい。こういったメリットがある一方で，着目しているプログラム以外のプログラムが値を書き換えたために生じるエラーなど，原因を特定しにくいエラーが生じるといったデメリットもある。

3 探索と整列のプログラム

1 線形探索のアルゴリズム

探索（search）❶とは，たくさんのデータの中から目的のデータを探し出すことをいう。最も単純なアルゴリズムは，最初のデータから順番に１つずつ見ていく，というものである。これを**線形探索**（linear search）という。

例題 1 線形探索で在庫数を調べるプログラム

右図のような商品番号，商品名，在庫数のデータを格納した２次元配列❷（リスト）がある。商品番号を，線形探索のアルゴリズムを用いてリストから探索し，商品名と在庫数を表示するプログラムを作成しなさい。

```
stock =[[10001,'清涼飲料水A',87],
        [10002,'清涼飲料水B',89],
        [10003,'清涼飲料水C',52],
        [10004,'清涼飲料水D',120],
        [10005,'清涼飲料水E',119],
        [10006,'清涼飲料水F',115]]
```

解答例

```
srch_stck = 10004  #探索する商品番号❸
flag = 1  #探索継続の判定結果
i = 0  #在庫データの最初の添字
while flag == 1:  #flagが1の間は探索を継続
  if srch_stck == stock[i][0]: #目的の商品番号をi番目の要素と比較
    #商品が見つかった場合の処理
    print(stock[i][0], stock[i][1], stock[i][2])
    flag = 0  #探索終了
  else:
    i = i + 1  #次の行に移動
```

■表１　変数一覧

変数名	格納する値
i	在庫データの行番号
flag❹	探索を継続するかどうかの判定結果 商品番号が見つかるまでは１

確認問題　例題１のプログラムを実行し，探索する商品番号に対して計算量❺がそれぞれどのような値になるか調べなさい。ただし，ここでは商品番号を比較する回数を計算量とする。

❶探索は，人間も日常的に行っている。例えば，指示された教科書のページを開く，という動作も探索の一つである。

❷ ２次元配列とは２つの添字で要素を指定する配列のことである。この場合，stock[1][0]の要素には商品番号:10002, stock[1][1]には商品名:清涼飲料水B, stock[1][2]には在庫数:89がそれぞれ格納されている。

❸「#」に続いている部分をコメントという。コメントとは，プログラムの作成者が記述する注釈である。おもに，後でプログラムを見る時のために記述する。コメントとして記述された部分は，コンピュータは実行しない。

❹処理結果の成否や，条件の判定結果を格納する変数をフラグと呼ぶ。

❺アルゴリズムが終了するまでに実行される命令数を**計算量**という。

2 二分探索のアルゴリズム

二分探索(にぶん, binary search)とは，整列してあるデータを半分に分けてどちらに探索するデータが含まれているか調べ，含まれている方のデータをさらに半分に分ける，という手順を繰り返すアルゴリズムである。

例題 2　二分探索で在庫数を調べるプログラム

例題 1 の商品番号❶10006を，二分探索で探索するプログラムを作成しなさい。また商品番号を比較する回数である計算量を求めなさい。

❶商品番号は小さい順に並んでいるとする。

❷データが偶数個の場合は，中央のデータのうち，小さい方を中央のデータとする。

考え方

①・中央のデータを求める。データは添字 0 の要素と添字 5 の要素の間にあるので，(0＋5)/2より，添字 2 の要素。❷
・添字 2 の要素の商品番号は10003。探索するデータは後ろ半分にある。
・探索する範囲を添字 3 の要素から添字 5 の要素とする。

②・中央のデータを求める。(3＋5)/2より，添字 4 の要素。
・添字 4 の要素の商品番号は10005。探索するデータは後ろ半分にある。
・探索する範囲を，添字 5 の要素から添字 5 の要素とする。

③・中央のデータを求める。(5＋5)/2より，添字 5 の要素。
・添字 5 の要素の商品番号は10006。探索するデータを発見した。

①中央より大きいので後半分

要素1(添字0)	10001	
要素2(添字1)	10002	
要素3(添字2)	10003	＜ 10006
要素4(添字3)	10004	↓
要素5(添字4)	10005	
要素6(添字5)	10006	

②中央より大きいので後半分

要素4(添字3)	10004	
要素5(添字4)	10005	＜ 10006
要素6(添字5)	10006	

③発見

要素6(添字5)	10006	＝ 10006

解答例

```
srch_stck = 10006  #探索する商品番号
comp = 0  #計算量
flag = 1  #探索継続の判定結果
imin = 0  #探索範囲の添字の最小値
imax = 5  #探索範囲の添字の最大値
while flag == 1:
  imid = int((imin + imax) / 2)  #中央のデータの添字
  comp = comp + 1  #計算量を加算
  if stock[imid][0] == srch_stck:
    #商品が見つかった場合の処理
    print((stock[imid][0], stock[imid][1], stock[imid][2]))
    flag = 0  #探索終了
  else:
    if stock[imid][0] > srch_stck:
      imax = imid - 1  #次の探索範囲を中央より前半に
    else:
      imin = imid + 1  #次の探索範囲を中央より後半に
print(comp)  #計算量を表示
```

■表 2　変数一覧

変数名	格納する値
flag	探索を継続するかどうかの判定結果
comp	計算量
imin	探索範囲の最小の添字
imax	探索範囲の最大の添字
imid	探索範囲の中間の添字

6

3 整列のアルゴリズム

データをある値に基づいて並べ替えることを**整列**(sort)という。ここでは**バブルソート**(bubble sort)と呼ばれる整列のアルゴリズムについて学ぶ。

例題 3 バブルソートを実行するプログラム

バラバラの順でリストに格納された在庫データを，バブルソートのアルゴリズムを用いて，商品番号順に整列させるプログラムを作成しなさい。

```
stock = [[10006,'清涼飲料水 6 ',77],
         [10009,'清涼飲料水 9 ',86],
         [10010,'清涼飲料水10',89],
         [10003,'清涼飲料水 3 ',68]]
```

①順番に全部と比較

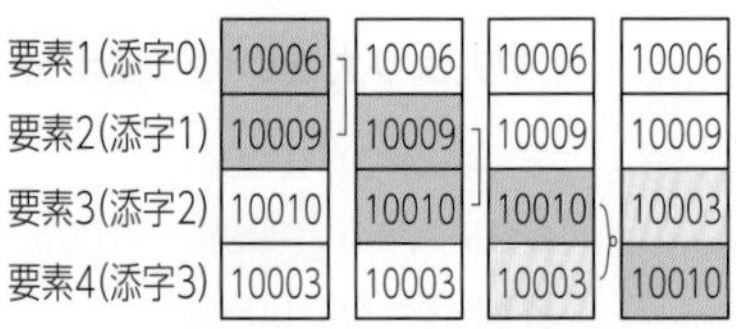

②決まった最大値を除いた部分と比較

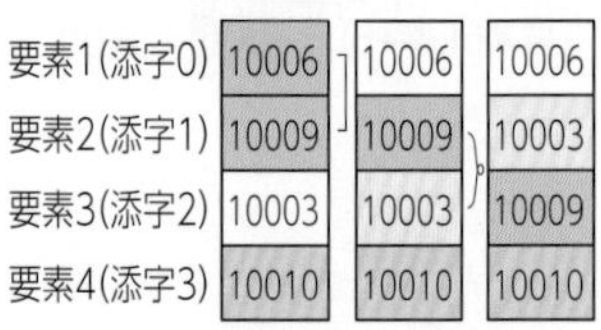

③残った分を比較

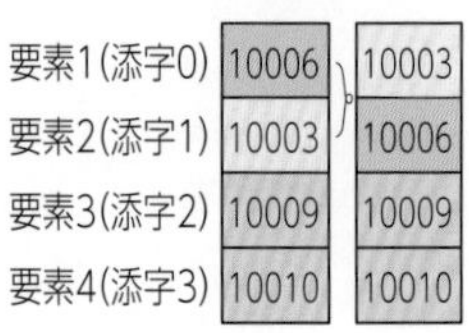

考え方 バブルソートのアルゴリズム

①最も商品番号が大きいデータを，最後の行に移動する。

- 添字 0 の要素と添字 1 の要素の商品番号を比較
  →添字 0 の要素の方が小さい→そのまま
- 添字 1 の要素と添字 2 の要素の商品番号を比較
  →添字 1 の要素の方が小さい→そのまま
- 添字 2 の要素と添字 3 の要素を比較→添字 2 の要素の方が大きい
  →添字 2 の要素と添字 3 の要素を入れ替え

② 2 番目に大きいデータを，最後から 2 つ目の行に移動する。

- 添字0の要素と添字1の要素を比較→添字0の要素が小さい→そのまま
- 添字1の要素と添字2の要素を比較→添字1の要素が大きい→入れ替え

③ 3 番目に大きいデータを，最後から 3 つ目の行に移動する。

- 添字0の要素と添字1の要素を比較→添字0の要素が大きい→入れ替え

考え方 データの入れ替え

2 つの変数a，bに格納されているデータを入れ替える方法として，ここでは一時的にデータを格納する変数を使用する方法をとる。その変数の名前をここでは，tmpとする。例えば商品番号を入れ替える場合，図 1 の手順で行う。

B0 1011 0000

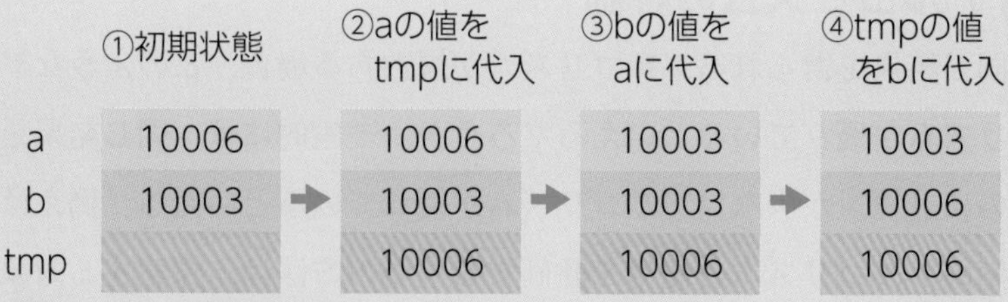

●図１　データの入れ替え

解答例

```
comp = 0   #計算量
for imax in range(2, -1, -1):❶
  for i in range(0, imax + 1):❷
    comp = comp + 1   #計算量を加算
    if stock[i][0] > stock[i + 1][0]:  #商品番号の大きさを比較
      #入れ替え処理
      ino_tmp = stock[i][0]
      iname_tmp = stock[i][1]
      ist_tmp = stock[i][2]
      stock[i][0] = stock[i + 1][0]
      stock[i][1] = stock[i + 1][1]
      stock[i][2] = stock[i + 1][2]
      stock[i + 1][0] = ino_tmp
      stock[i + 1][1] = iname_tmp
      stock[i + 1][2] = ist_tmp
for i in range(0, 4):  #実行結果を表示
  print(stock[i])
print(comp)   #計算量を表示
```

```
[10003, '清涼飲料水３', 68]
[10006, '清涼飲料水６', 77]
[10009, '清涼飲料水９', 86]
[10010, '清涼飲料水10', 89]
```

●図２　実行結果

❶増分に－１を指定しているため，繰り返すたびにimaxの値を１減らす，という意味となる。

■表３　変数一覧

変数名	格納する値
i	比較対象の行番号
imax	iの最大値
comp	計算量
ino_tmp	商品番号，商品名，在庫数をそれぞれ一時的に格納
iname_tmp	
ist_tmp	

❷for文で記述されたループの内側に，もう一つループが記述されている。このように，ある構造の内側に同じ構造があるものを**ネスト**という。ループに限らず，if文の処理の中に別のif文が入るものなどもネストと呼ばれる。

確認問題

(1) 例題３で，データ数を２倍，４倍に増やした時に計算量がどのように増加するか調べなさい。ただし，ここでは商品番号の大小を比較する回数を計算量とする。

(2) 例題３のプログラムを修正し，商品番号の降順に並べ替えるようにしなさい。

4 アルゴリズムの評価

同じ結果を得られるアルゴリズムが複数ある場合，どのようなアルゴリズムが優れているといえるだろうか。一般的には，同じ結果を得るのに計算量が少ないアルゴリズムが優れているといえる。例えば，探索のアルゴリズムの優劣を評価する一つの方法は，探索する対象のデータが増えた時に，計算量がどのように変化するか調べることである❶。計算量の増え方が，緩やかなアルゴリズムの方が優れていると考えられる。

❶探索にかかる時間を比較することも考えられるが，時間はコンピュータの性能やその時の状態によっても変化するため，アルゴリズムの評価をする時には，計算量の方が適している。

例題 4 線形探索と二分探索のアルゴリズムの評価

例題 1，例題 2 で作成したプログラムを使用し，データの増加とともに計算量がどのように変化するか調べ，アルゴリズムを評価しなさい。

考え方 データ10件，20件，40件の場合の計算量を求める。どちらのアルゴリズムも，最後の行の商品番号を指定した場合に計算量が最大になるので，その場合の計算量を表に整理する。

解答例

データ件数	計算量	
	線形探索	二分探索
10	10	4
20	20	5
40	40	6

考察 線形探索はデータ件数に比例して，計算量が増える。一方，二分探索はデータ件数が 2 倍になっても，計算量は 1 しか増えていない。データ件数が増えた時の計算量の増え方が緩やかな二分探索の方が優れたアルゴリズムといえる。

データ件数をNとした時，線形探索の計算量はNに比例する。二分探索の計算量は，$\log_2 N$❷に比例する。計算量に関しては二分探索の方が優れているが，あらかじめ探索に使用する値を整列しておく必要がある。線形探索は，整列されていなくても探索できるというメリットがある。

❷logとは対数とも呼ばれる数を表す記号である。$N=2^x$の関係がある時，xを$\log_2 N$として表す。例えば，$\log_2 8$は 3 となる。

B2 1011 0010

参考　コンピュータと外部装置の連携

現在の自動車には，前方の障害物を検知し自動的にブレーキをかけたり，車線の中央を維持するようにハンドル操作を行ったりする先進運転支援システムが搭載されている❶。人間は眼で周囲の状況を把握し，脳で判断し，腕や足でハンドルやペダル操作を行っている。それに対して，これらの機能は，**センサ**（sensor）❷からの情報をもとにコンピュータが周囲の状況を判断し，行うべき動作を**アクチュエータ**（actuator）❸と呼ばれる装置に指示することで実現している。コンピュータとセンサやアクチュエータは，**API**（Application Programming Interface）と呼ばれる機能を利用してデータや指示をやり取りする。APIとは，ほかのソフトウェアの機能を利用するためのインタフェースのことである。

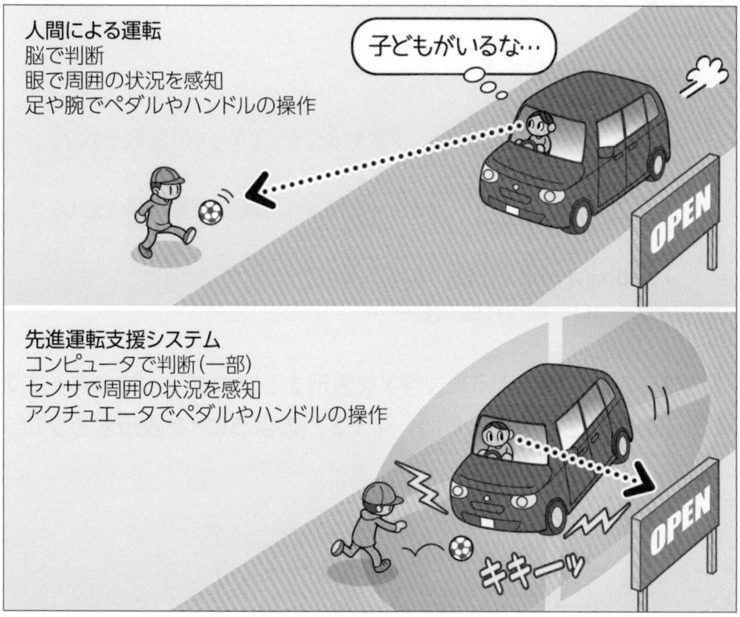

人間による運転
脳で判断
眼で周囲の状況を感知
足や腕でペダルやハンドルの操作
子どもがいるな…
OPEN
先進運転支援システム
コンピュータで判断(一部)
センサで周囲の状況を感知
アクチュエータでペダルやハンドルの操作
キキーッ
OPEN

先進運転支援システムには，表４のセンサなどが使用されている。センサには得意なことと苦手なことがあるため，複数のセンサを搭載し，補い合うように設計されている。このようなセンサを利用することによって，例えば自動車の位置や周囲にある物体までの距離など，さまざまな情報を得ることができる。

■表４　先進運転支援システムで利用されているセンサとその目的

カメラ・ステレオカメラ❹	白線や道路標識などを認識したり，物体の種類を判別したりすることができる。夜間や雨天時は性能を発揮しにくい。
レーダ	遠距離にある物体を検知することができる。夜間や雨天時でも検知できるが，物体の正確な位置や形状を把握することはできない。
超音波センサ	数m程度の近距離の物体の位置を高い精度で検知できる。

❶先進運転支援システムをさらに高度にした，人間の操作を必要としない，自動運転の開発が進められている。

❷熱，温度，湿度，光，音などさまざまな情報を検知するセンサが開発されている。

❸アクチュエータとは，入力された電気などのエネルギーを機械的な動きに変える装置のことを指す。物体を回転させるモータや，ピストンを動かすシリンダなど，さまざまな動きをするアクチュエータがある。

❹ステレオカメラは２つのカメラを使用したセンサで，物体までの距離を高い精度で測定することができる。

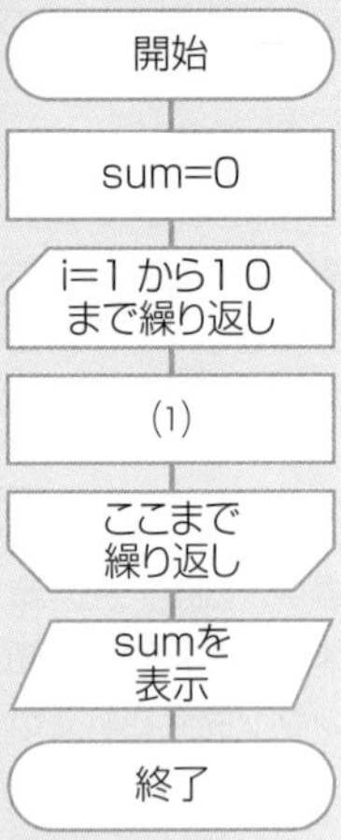

●図1

ヒント
乱数とは，ある範囲の値が，同じ確率でかつ不規則に出現する数字の集まり（数列）のことである。

1 次の各問いに答えなさい。

(1) 図1は，1から10までの整数の和を求めるフローチャートである。次のア～エのうち空欄にあてはまる適当なものを選びなさい。

ア．sum = 1　　イ．sum = i　　ウ．sum = sum + 1　　エ．sum = sum + i

(2) (1) のフローチャートに従って，1から10までの整数の和を求め，表示するプログラムを作成しなさい。

2 サイコロを6の目が出るまで振ったときに何回かかるかをシミュレーションするプログラムを作成した。空欄を埋めてプログラムを完成させなさい。なお，このプログラムでは，サイコロを振ることを，1から6までの乱数を発生させることでシミュレーションしている。

```
Import random  #乱数を使用可能にする

dice = random.randint(1, 6)  #変数diceに1から6の乱数を代入
i = 1
while dice [    (1)    ]:  #diceの値が6未満の場合は繰り返し
  i = [    (2)    ]
  dice = random.randint(1, 6)
print(i)  #サイコロを振った回数を表示
```

3 次のプログラムは，例のように文字Xを表示するプログラムである。このプログラムの①②の部分を変更し，（1）～（2）のようにXを表示するプログラムを完成させよ。

(例)	（1）	（2）
XXXXX	X	XXXXX
XXXXX	XX	XXXX
XXXXX	XXX	XXX
XXXXX	XXXX	XX
XXXXX	XXXXX	X

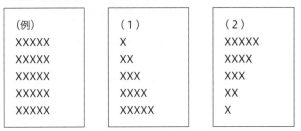

```
for j in [    ①    ]
  for i in [    ②    ]

    print('X', end = '')  #改行せずにXを表示
  print('')  #改行
```

4 次のプログラムを実行した時，出力される値として適当なものを次のア～エの中から選びなさい。

ア．44　　イ．45　　ウ．54　　エ．55

```
a = []
sum = 0
for i in range(0, 10, 1):
  a.append(i + 1)
  print(a[i])
for i in range(1, 10, 1):
  sum = sum + a[i]
print(sum)
```

5 図２は，変数myNumの値が偶数か奇数か判定し，判定結果を表示するフローチャートである。変数myNumには，整数が入力されることとして，次のア～エのうち空欄にあてはまる適当なものを選びなさい。

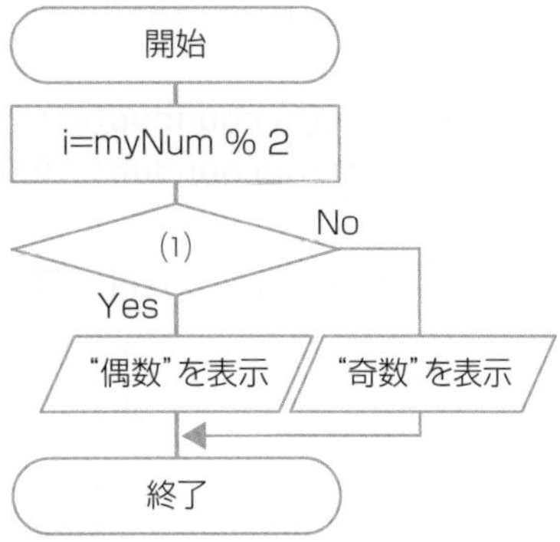

●図２

ア．i == 2　　イ．i == 1　　ウ．i == 0　　エ．i == -1

ヒント
「%」はPythonにおける剰余を求める演算子である。
例
a % bはa割るbの剰余

6 次のプログラムは，変数scoreに入力された０～100の点数を表１の基準に従って判定し，その結果を表示する。このプログラムの空欄にあてはまるものをそれぞれ答えなさい。

```
score = 29  #変数scoreに得点を代入
if score [(1)] 70:
  print('A')
else:
  if score [(2)] 30:
    print('B')
  else:
    print('C')
```

■表１　成績を判定する基準

70点以上100点以下	A
30点以上70点未満	B
0点以上30点未満	C

7 次のルールに沿って１から100までの整数を図３のように順に表示するプログラムを作成しなさい。ただし，３の倍数の時は「fizz」，５の倍数の時は「buzz」，３と５の倍数の時は「fizzbuzz」，それ以外の時は整数をそのまま表示する。

```
1
2
fizz
4
buzz
fizz
7
8
```

●図３

1011 0101　B5

ヒント
小数点以下を切り上げるためには，整数かどうか判定し，整数の場合はもとの値をそのままとし，整数ではない場合はもとの値に 1 を加えて小数点以下を切り捨てすればよい。

8 次のプログラムの空欄を埋めて，正の数の小数点以下を切り上げるユーザ定義関数を完成させなさい。

```
def myroundup(rndup_value):
  if int(rndup_value) == rndup_value:
    return [        (1)        ]
  else:
    return int([        (2)        ])

print(myroundup(6))
print(myroundup(6.01))
```

ヒント
Pythonにおけるべき乗の演算子は「＊＊」である。
例
a＊＊bはaのb乗。

9 次のプログラムは，図 4 のフローチャートに従いモンテカルロ法で円周率 π の値を求め，結果を表示するプログラムである。空欄を埋めて，プログラムを完成させなさい。

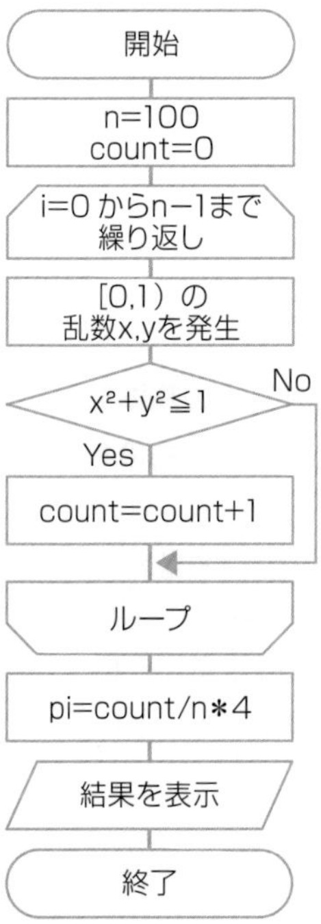

●図 4

```
import random  #乱数を使用可能にする

n = 100
count = 0
for i in range(0, n):
  x = random.random()
  y = random.random()
  if [                ]:
    count = count + 1

pi = count / n * 4
print(pi)
```

10 問題９で作成したプログラムを使用し，発生させる乱数が100個の場合，1000個の場合，10000個の場合，それぞれについて５回ずつ円周率を求めなさい。その結果を表計算ソフトを使用し，図５のようにまとめなさい。なお，円周率の最大値，最小値，平均値は表計算ソフトの関数を使用して求めること。

	A	B	C	D
1	乱数の個数	100	1000	10000
2	試行1	2.92	3.152	3.1424
3	試行2	3.12	3.156	3.1364
4	試行3	3.36	3.188	3.1348
5	試行4	3.04	3.152	3.1512
6	試行5	3.36	3.132	3.156
7	平均値	3.16	3.156	3.1442
8	最大値	3.36	3.188	3.156
9	最小値	2.92	3.132	3.1348

●図５

11 ５章４節の例題２「必要な釣銭の硬貨の枚数のシミュレーション」(→p.154)を実行するプログラムを以下のように作成した。空欄（１）～（３）にあてはまるものを，それぞれ次のア～エから選び記号で答えなさい。なお，このプログラムは最初に所持している硬貨の枚数を０枚としてスタートし，最大不足数（所持している硬貨の枚数の最小値）を表示するものである。

●参考p.154

ア．count － 1　　イ．count ＋ 1　　ウ．>　　エ．<

```
import random  #乱数を使用可能にする
count = 0  #保持している硬貨の枚数
mincount = 0  #500円玉の最大不足数
for i in range(0, 20, 1):
  if random.random() < 0.5:
        #乱数が0.5未満の場合は，硬貨をもってきた場合と判断する
    count = [    (1)    ]
  else:
    count = [    (2)    ]
  if mincount [    (3)    ] count:
    mincount = count
print(mincount)  #最大不足数を表示
```

6

37 プログラミングの方法(1)

教科書p.162〜165

教科書の確認

1 アルゴリズム [教p.162]

(① 　　　　)とは, 計算や情報処理の手順を(② 　　　　)したものをいう。(②)とは, 決まった形の(③ 　　)や言葉で表現することを表す。

(①)を(④ 　　　　)が実行できるように記述したものを(⑤ 　　　　)という。(④)は(①)を指示されたとおりに,(⑥ 　　)で実行することができる。

2 アルゴリズムの表記 [教p.163]

アルゴリズムをわかりやすく表現する方法の一つとして,(① 　　　　)(流れ図)と呼ばれるものがある。(①)以外の表記法として, 処理の流れを表現する(② 　　　　)や,(③ 　　)などの状態の移り変わりを表現する(④ 　　　　)がある。

3 基本制御構造とそのアルゴリズム [教p.164]

アルゴリズムは, 順次構造, 選択構造, 反復構造の3つの(① 　　　　)で表現することができる。

○順次構造

各処理が(② 　　　　)につながっている構造である。右図では,(③ 　　　　),(④ 　　　　)の順に実行する。

○選択構造(分岐構造)

(⑤ 　　)によって実行する処理が分かれる構造である。右図では, 条件がYesの場合に(⑥ 　　　　)を実行し,(⑦ 　　)の場合に(⑧ 　　　　)を実行する。

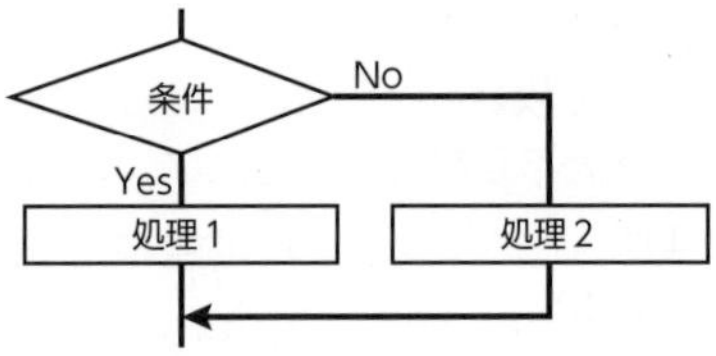

○反復構造(繰り返し構造)

(⑨ 　　　　)が満たされている間, 処理を(⑩ 　　　　)実行(ループ)する構造である。(⑨)には, 等号や不等号などで表現される(⑪ 　　　　)を満たすか, 指定した(⑫ 　　)を繰り返したか, といった条件を指定する。

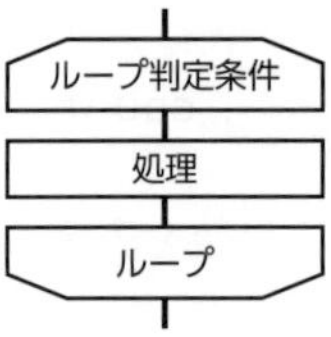

●アルゴリズム
計算や情報処理の手順を定式化したものをいう。

●プログラム
アルゴリズムをコンピュータが実行できるように記述したものである。

●フローチャート
アルゴリズムの処理の流れをわかりやすく表現する方法の一つである。

●アクティビティ図
処理の流れを表現する表記法の一つである。

●状態遷移図
どのような条件の時に, システムなどの状態が遷移するかを表現する。

Note

練習問題

1 次の表は，おもなフローチャート記号を整理したものである。空欄①～⑨に該当するものを下のア～ケから選び，記号で答えなさい。

名称	記号	意味
①	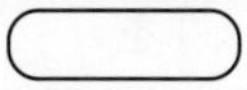	開始と終了
データ	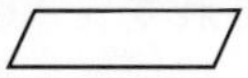	②
③	④	演算などの処理
判断	⑤	条件による分岐
ループ始端	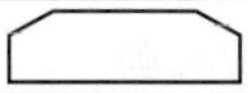	⑥
⑦	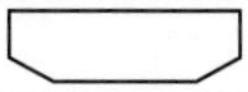	繰り返しの終わり
⑧	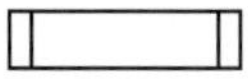	別な場所で定義された処理
線		⑨

ア．ループ終端　イ．処理　ウ．定義済み処理　エ．端子
オ．繰り返しの始まり　カ．データ入出力　キ．処理の流れ
ク．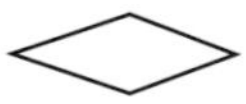　ケ．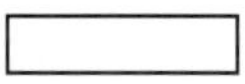

2 右のフローチャートは，ある飲料水の自動販売機において，現金で飲料水を買うためにボタンが押された時の処理を大まかに表したものである。

この自動販売機では，ボタンが押されると，投入金額が不足しているかどうかのチェック，売り切れていないかどうかのチェックをし，問題なければ飲料水を出す処理を行う。投入金額が不足していた場合や，指定された飲料水が売り切れていた場合は何も行わない。その後，釣銭が必要かどうかのチェックを行い，必要な場合は釣銭を出す処理を行い，必要ない場合は何も行わない。フローチャートの中の①～③に該当するものを，下のア～カから選び，記号で答えなさい。

ア．釣銭が必要ない　イ．釣銭が必要　ウ．何もしない
エ．飲料水を出す　オ．投入金額が足りている
カ．投入金額が足りない

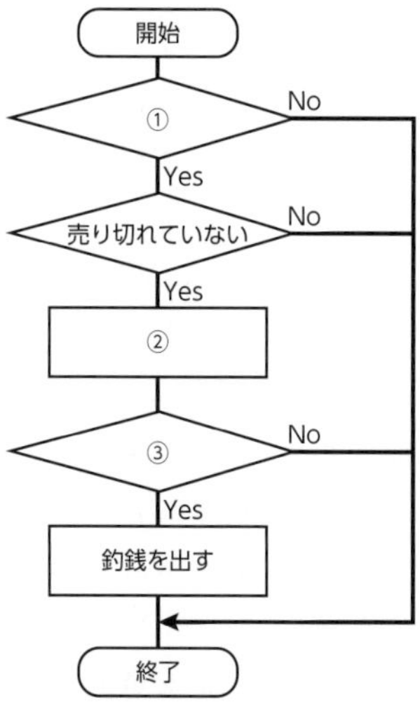

1
①
②
③
④
⑤
⑥
⑦
⑧
⑨

2
①
②
③

6
章
1
2

▶考えてみよう

ICカードで飲料水を買う場合は，どのようなフローチャートになるか考えてみよう。

38 プログラミングの方法(2)

教科書p.166〜167

教科書の確認

1 プログラミングの手順 [教p.166]

プログラミングは(①) →(②) →(③)という3つの手順で実行されることが多い。

(①)の手順では，主に使用する(④)を決める，(⑤)を(①)し，プログラムの流れを(⑥)などで表現する，などの作業を行う。

(②)の手順では，実際に(④)でプログラムを作成する。(④)で記述した文字列をソースコードという。

(③)の手順では，プログラムを実行し，プログラムが(①)通りに動作しているかを点検する。また，プログラムの動作する(⑦)や，(⑧)がないかどうかを点検する。

●設計
アルゴリズムの設計を行い，プログラムの流れをフローチャートなどで表現する。

●コーディング
実際にプログラミング言語でプログラムを作成する。

●テスト
プログラムが設計通りに動作しているかを点検する。

2 プログラミング言語の種類と選択 [教p.167]

コンピュータが直接理解できるプログラミング言語は，(①)という(②)だけで記されたプログラムだけである。(①)を(③)に置き換えて，人間にわかりやすくしたものが(④)である。これらをまとめて，(⑤)という。

これとは別に人間が使用している数式や言葉に近い表現にしたものを，(⑥)という。コンピュータは(①)しか理解できないため，(⑥)のプログラムは(①)に(⑦)する必要がある。(⑧)にまとめて(⑦)する言語を(⑨)，命令文を一つずつ翻訳しながら実行される言語を(⑩)という。

プログラムは，プログラムの(⑪)や計算に関する考え方により，(⑫)，(⑬)，(⑭)などに分類することもできる。(⑫)では，プログラムの手順を順番に記述する。(⑬)では，データとそのデータに対する処理をまとめて記述する。(⑭)では，プログラムを関数の集まりとして記述する。

プログラムを設計する際には，プログラミング言語の特徴と，プログラムの(⑮)や実行するコンピュータの種類などを考慮して，プログラミング言語を選択する必要がある。

●低水準言語
機械語やアセンブリ言語のように，コンピュータが直接扱える表現に近いプログラミング言語をまとめた呼び方である。

●高水準言語
人間が使用している数式や言葉に近い表現を用いるプログラミング言語をまとめた呼び方である。

●翻訳
高水準言語をコンピュータ上で実行するためには，機械語に翻訳する必要がある。

Note

練習問題

1 プログラミングの手順に関する次のア～カの記述のうち，正しいものをすべて選び，記号で答えなさい。

ア．設計の手順では，実際にプログラミング言語を用いてプログラムを作成する。

イ．設計の手順では，プログラムの流れをフローチャートなどで表現する。

ウ．コーディングの手順では，実際にプログラミング言語でプログラムを作成する。

エ．テストの手順では，プログラムが設計通りに動作するかどうかだけを点検し，動作する速度や使いやすさについては，点検しない。

オ．テストの手順まで完了したプログラムについては，すでに完成しているので二度と修正することはない。

カ．プログラミングの手順については，コーディングの手順のみならず，設計やテストの手順も重要である。

2 次の(1)～(7)の記述は，何に関する説明か，下のア～ケから選び，記号で答えなさい。

(1) 低水準言語の一つで，0と1だけで記されたプログラミング言語である。

(2) プログラムの手順を順番に記述するプログラミング言語のことを指す。

(3) 機械語を英数字に置き換え，人間にわかりやすくしたプログラミング言語である。

(4) 人間が使用している数式や言葉に近い表現を用いて記述するプログラミング言語をまとめた呼び方である。

(5) プログラムを関数の集まりとして記述するプログラミング言語のことを指す。

(6) データとデータに対する処理をまとめて記述するプログラミング言語のことを指し，代表的なプログラミング言語として，Java，JavaScriptなどがある。

(7) 高水準言語のうち，実行前にまとめて機械語に翻訳するプログラミング言語のことを指す。

ア．インタプリタ言語　　イ．コンパイラ言語

ウ．高水準言語　　エ．低水準言語　　オ．機械語

カ．アセンブリ言語　　キ．手続き型

ク．オブジェクト指向型　　ケ．関数型

1

2

(1)

(2)

(3)

(4)

(5)

(6)

(7)

39 プログラミングの実践(1)

教科書p.168～171

教科書の確認

1 変数を使用したプログラム ［教p.168］

(① 　　)とは,メモリ上のデータ(値)を格納する領域のことをいい,その領域に付けた名前を(② 　　　)という。(①)を使用するためには,(②)を(③ 　　)する必要がある。プログラミング言語によっては,格納するデータの(④ 　　)もあわせて(③)する必要がある。(①)に値を格納することを(⑤ 　　)という。(①)aに値5を(⑤)する時は,a=5と書く。

2 選択構造を使用したプログラム ［教p.169］

プログラムの流れを変える命令文を(① 　　　)という。選択構造の(①)であるif文を右のように使用する場合,(② 　　)が成り立つ場合は(③ 　　　)が実行され,成り立たない場合は,(④ 　　　)が実行される。elseと(④)は(⑤ 　　)することができる。

```
if 条件：
  処理1
else：
  処理2
```

3 反復構造を使用したプログラム ［教p.170］

反復構造の制御文であるfor文を下のように使用する場合,制御変数の値が(① 　　　)から(② 　　　)になるまで繰り返す。増分の指定を省略した場合,増分は(③ 　)となる。

反復構造の制御文であるwhile文を下のように使用する場合,指定した(④ 　　)が満たされている間,繰り返す。繰り返しの回数が決まって(⑤ いる・いない)場合に使用するとよい。

For文	while 文
for 制御変数 in range(初期値 ,終了値 , 増分)： 処理	while 条件： 処理

4 配列 ［教p.171］

(① 　　)とは,同じ型の変数をいくつも集めて一つの名前を付けたものである。(①)の中の一つひとつの変数を(② 　　)という。(①)の(②)は(③ 　　　)と番号で表す。この番号を(④ 　　　)という。

●変数
メモリ上のデータ(値)を格納する領域のこと。

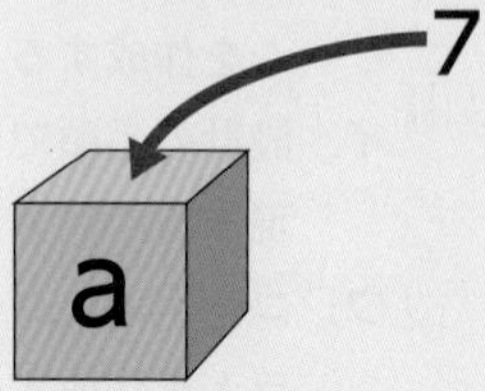

●終了値の扱い
Pythonでは制御変数の値が終了値と等しくなった場合は,処理が実行されないことに注意する。

●制御文
プログラムの流れを変える命令文のこと。

●配列
同じ型の変数をいくつも集めて一つの名前を付けたもの。Pythonでは,リストと呼ばれる機能が配列の役割を担っている。

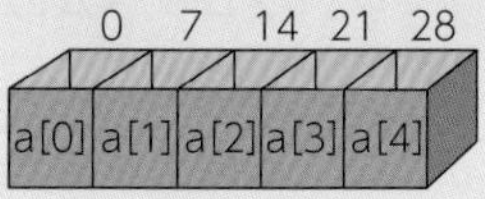

●添字
配列の要素を表す番号のこと。

Note

練習問題

1 次のプログラムは，2つの変数どうしの四則演算の結果を表示するものである。下の①〜⑤に該当するものを下のア〜ケから選び，記号で答えなさい。

```
a ① 5      ←変数aに5を代入
b ① 8      ←変数bに8を代入
print(②)    ←aとbを足し算した結果を表示
print(③)    ←aからbを引き算した結果を表示
print(④)    ←aとbを掛け算した結果を表示
print(⑤)    ←aをbで割り算した結果を表示
```

ア．==　イ．print　ウ．a&b　エ．a+b　オ．a/b
カ．a%b　キ．=　ク．a-b　ケ．a*b

2 次のプログラムは，得点によって成績を判定するプログラムである。次の問いに答えなさい。

(1) 下の①〜⑤に該当するものを下のア〜クから選び，記号で答えなさい。

```
score = 49        ←変数scoreに得点を代入
① score ② 50:     ←条件を指定
  grade = 1       ←条件が成り立った場合の処理
③
  grade = 0       ←条件が成り立たなかった場合の処理
④ (⑤)  ←成績として変数gradeの値を表示
```

ア．>　イ．>=　ウ．else:　エ．else
オ．if　カ．score　キ．grade　ク．print

(2) 次の表は，このプログラムを実行した時に，入力した得点に対して出力される成績を整理したものである。空欄①〜④をうめなさい。

得点	成績
0	(①)
49	(②)
50	(③)
100	(④)

1
①
②
③
④
⑤

2
(1)
①
②
③
④
⑤
(2)
①
②
③
④

6章
1
2

40 プログラミングの実践(2)

教科書p.172~174

教科書の確認

1 関数とは [教p.172]

プログラムの(①　　　)が大きくなると，同じ処理を複数の箇所で行う必要が生じることが多い。同じ処理が複数の箇所に記述してあると，(②　　　)やテストの手間が多くなる。そのため，プログラミング言語には，その部分を抜き出して，別に記述することができる機能が用意されている。抜き出して記述した部分を，(③　　　)と呼ぶ。

(③)は，下図のように(④　　　)を受け取り，一連の処理を行って，(⑤　　　)を返す。(③)を使用する側から見ると，(④)を渡して(③)を(⑥　　　)し，(⑤)を受け取る，という処理となる。

プログラミング言語が扱う(③)は，数値以外の文字などを(④)や(⑤)にすることができる。

(④) ➡ (③) ➡ (⑤)

2 関数の定義 [教p.173]

プログラミング言語で使用できる関数は，プログラミング言語によってあらかじめ用意されている関数と，プログラムの(①　　　)が任意に定義する(②　　　)に分かれる。

別の関数やプログラムから参照できない変数を(③　　　)変数という。一方，どの関数やプログラムからでも参照できる変数を(④　　　)変数という。

3 線形探索のアルゴリズム [教p.174]

(①　　　)とは，たくさんのデータの中から目的のデータを探し出すことをいう。最も単純なアルゴリズムは，(②　　　)のデータから順番に1つずつ見ていく，というものである。これを(③　　　)という。

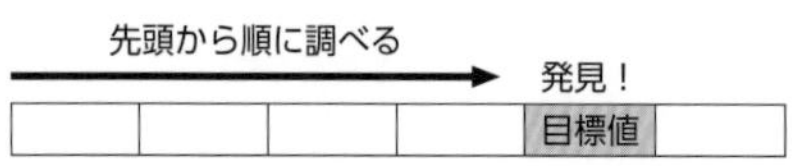

4 プログラムのコメント [教p.174]

(①　　　)とは，プログラムの作成者が記述する(②　　　)である。おもに，後でプログラムを見る時のために記述する。(①)として記述された部分は，コンピュータは(③　　　)しない。

●関数
プログラムの一部分を抜き出して記述し，プログラムのほかの箇所から呼び出して実行できるようにしたもの。

●引数
関数は呼び出される際に，引数と呼ばれる値を受け取り，一連の処理を実行する。

●戻り値
関数は処理を終える際に，呼び出したプログラムに実行結果を返す。この時に返す値のこと。

●ローカル変数
別の関数やプログラムから参照できない変数のこと。

●グローバル変数
どの関数やプログラムからでも参照できる変数のこと。

●探索
たくさんのデータの中から目的のデータを探し出すこと。

●線形探索
先頭のデータから順番に1つずつ見ていく探索のアルゴリズムのこと。

Note

練習問題

1 次のプログラムは，円の面積を計算する関数を定義したものである。また，表はその関数の引数や戻り値を整理したものである。それぞれの空欄①～⑥に該当するものを下のア～クから選び，記号で答えなさい。なお，同じ記号を複数回使用してもよい。

	名前	意味
引数	①	②
戻り値		③

```
def mysurface(radius):
  ④ = 3.14                   '円周率を定義
  s  = pi * ⑤ * ⑤ '円の面積を計算
  return ⑥           '戻り値として円の面積を戻す
```

ア．円の半径　　イ．円の面積　　ウ．戻り値　　エ．radius
オ．mysurface　　カ．s　　キ．pi　　ク．3.14

1
①
②
③
④
⑤
⑥

2 右のフローチャートは，線形探索を行う関数のアルゴリズムを表したものである。探索する値を引数として受け取り，配列a[1]～a[10]に格納されたデータに対して線形探索を行い，探索する値が存在した場合は，戻り値として“あり”を，存在しなかった場合は，“なし”を戻す。空欄①～⑤に該当するものを下のア～カから選び，記号で答えなさい。

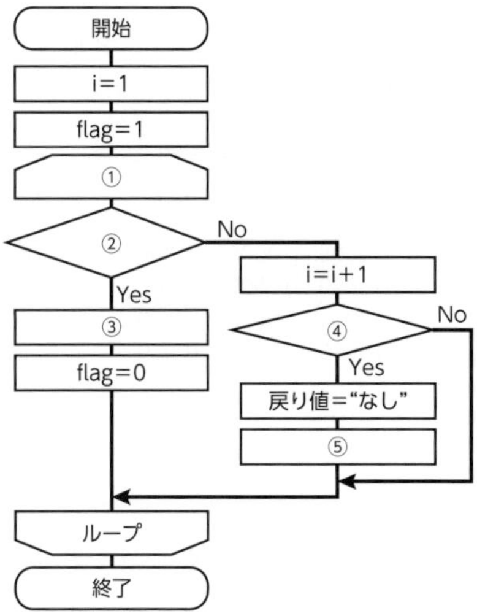

ア．戻り値＝“あり”　　イ．戻り値＝“なし”
ウ．flag＝0　　エ．flag==1の間繰り返し
オ．a[i]==引数　　カ．i>10

2
①
②
③
④
⑤

6 章

1
2

▶考えてみよう

関数を使う意義を考えてみよう。

41 プログラミングの実践(3)

教科書 p.175〜178

教科書の確認

1 二分探索のアルゴリズム [教 p.175]

(① 　　　　)とは，(② 　　　)してあるデータを(③ 　　　)に分けてどちらに探索するデータが含まれているか調べ，含まれている方のデータをさらに(③)に分ける，という手順を繰り返すアルゴリズムである。

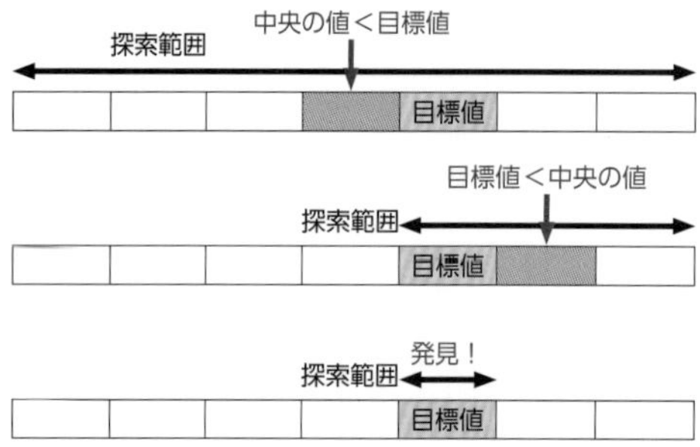

●二分探索
整列しているデータを半分に分けてどちらに含まれているか調べ，含まれている方のデータをさらに半分に分ける，という手順を繰り返す，探索のアルゴリズムである。

2 整列のアルゴリズム [教 p.176]

データをある値に基づいて並べ替えることを(① 　　　)という。(② 　　　　　　)とは，比較する値が最も大きいデータ(または，最も小さいデータ)から順に並び順を確定させていくアルゴリズムである。

①順番に全部と比較　　②決まった最大値を除いた部分と比較　　③残った分を比較

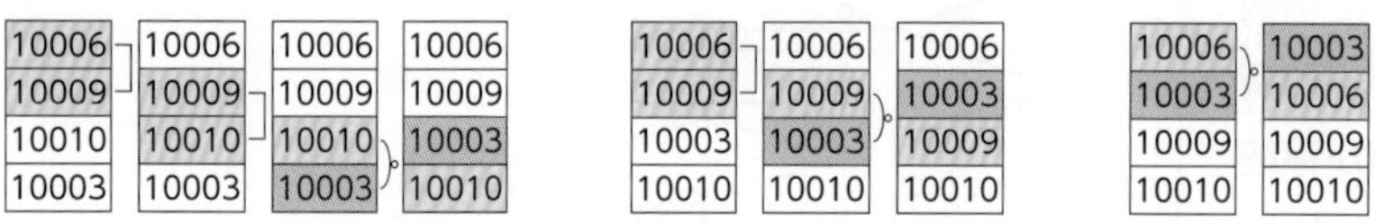

●整列
データをある値に基づいて並べ替えること。

●バブルソート
比較する値が最も大きいデータ(または最も小さいデータ)から順に並び順を確定させていくアルゴリズムである。

3 アルゴリズムの評価 [教 p.178]

同じ結果を得られるアルゴリズムが複数ある場合，一般的には，(① 　　　)が少ないアルゴリズムが優れているといえる。例えば，探索のアルゴリズムの優劣を評価する一つの方法は，探索する対象のデータが(② 　　　)た時に，(①)がどのように(③ 　　　)するか調べることである。(①)の増え方が，(④ 　　　)なアルゴリズムの方が優れていると考えられる。

データ件数をNとした時，線形探索の(①)はNに(⑤ 　　　)する。二分探索の(①)は(⑥ 　　　　　)に(⑤)する。(①)に関しては二分探索の方が優れているが，線形探索はデータが(⑦ 　　　)されていなくても探索できるというメリットがある。

●計算量
アルゴリズムが終了するまでに実行される命令数のこと。

Note

練習問題

1 **次のような7個の要素をもつ配列aに対して二分探索を行う場合について，下の問いに答えなさい。**

要素	a[0]	a[1]	a[2]	a[3]	a[4]	a[5]	a[6]
値	14	23	46	52	88	93	99

(1) 目的のデータを46とする場合について，次の文章の空欄①～⑩に適切な語句を答えなさい。

1回目の探索において，中央のデータは(①)，値は(②)である。目的のデータは中央のデータより前に存在する。次の探索範囲は，要素(③)から(④)となる。

2回目の探索において，中央のデータは(⑤)，値は(⑥)となる。目的のデータは，中央のデータより(⑦)に存在する。次の探索範囲は，要素(⑧)となる。

3回目の探索において，中央のデータは(⑨)，値は(⑩)となる。目的のデータと一致するため，探索は終了する。

よって，3回の繰り返しで目的のデータが探索できた。

(2) 探索に必要な繰り返しの回数の最大値を答えなさい。ただし，目的のデータは配列aの中に必ず存在するものとする。

1

(1)

①

②

③

④

⑤

⑥

⑦

⑧

⑨

⑩

(2)

2 **次のプログラムは，バブルソートのアルゴリズムを用いて，配列a[0]～a[9]に格納された整数データを昇順に整列するものである。下の①～⑤に該当するものを下のア～コから選び，記号で答えなさい。**

```
a = [93, 15, 76, 8, 34, 17, 28, 85, 41, 2]
for i in range(9, 0, ① ):
  for j in range(0, i):
    if a[j] ② a[j + 1]:
      ③ = a[j]
      a[ ④ ] = a[j + 1]
      a[ ⑤ ] = temp
for i in range(0, 10):
  print(i, a[i]) #整列した結果を表示
```

ア. i　イ. i+1　ウ. j　エ. j+1　オ. temp

カ. 1　キ. -1　ク. >　ケ. =　コ. <

2

①

②

③

④

⑤

6章 章末問題

1 次のプログラムの繰り返し処理が終了した時点での，配列aの要素a[0]〜a[4]に格納されている値を答えなさい。[教p.171]

```
a=[]
a.append(5)
for i in range(1, 5):
  a.append(a[i - 1] + 3)
```

配列aの要素	値
a[0]	①
a[1]	②
a[2]	③
a[3]	④
a[4]	⑤

2 次のプログラムは，255までの正の整数の10進数を8ビットの2進数に変換し，配列aに格納するプログラムである。下の問いに答えなさい。[教p.171]

```
a = []
d = 255 #変換する数を変数dに代入
for i in range(0, 8): #iが0から7まで繰り返し
  a.append( ① ) #dを2で割った余りを配列aに追加
  d = ②    #dを2で割った商の整数部分をdに代入
```

(1) 空欄に該当するものを下のア，イから選び，記号で答えなさい。

ア．int(d / 2)　　イ．d % 2

①	
②	

(2) 変換する数が11および175のとき，配列aの各要素に格納される値を答えなさい。

変換する数	a[7]	a[6]	a[5]	a[4]	a[3]	a[2]	a[1]	a[0]
11	①	②	③	④	⑤	⑥	⑦	⑧
175	⑨	⑩	⑪	⑫	⑬	⑭	⑮	⑯

アドバイス

1
繰り返しごとに変数や配列の要素に格納されている値を書き込む表を作成し，値がどのように変化するか整理するとよい。

2
繰り返しごとに，dの値と配列aに格納される値を書き込む表を作成し，値がどのように変化するか整理するとよい。

3 **次のプログラムは，３以上の正の整数が，素数かどうか判定するプログラムである。判定対象の数を２から順に割っていくことで，素数かどうかを判定する。空欄に該当するものを下のア～カから選び，記号で答えなさい。同じ記号を複数回使用してもよい。** [教 p.170]

```
d = 1030  #判定対象の数
①      #繰り返しを続けるかどうかをコントロールする変数flagの初期値
         を設定
i = ②  #判定対象の数を割る数の初期値を設定
While flag == 1: #flagが1の間は繰り返す
  if d % i == 0:  #判定対象の数がiで割り切れるかどうかを判定
    ③              #素数ではないことがわかったので繰り返しを終了させる
    print('素数ではありません')
  else:
    i = ④          #iに1を加算
    if i == d:      #判定対象の数と割る数が同じ大きさになった場合素
                      数と判断
      print('素数です')
      ⑤            #繰り返しを終了させる
```

ア．1　イ．2　ウ．d　エ．i+1　オ．flag = 0
カ．flag=1

①	②	③	④	⑤

アドバイス

3
繰り返しごとに変数に格納されている値を書き込む表を作成し，どの選択肢を当てはめた時に求める結果が得られるか確かめるとよい。

4
上から順に値の並び順がどう変化するか書き出して整理するとよい。

4 **右図は，次の数値データを，バブルソートのアルゴリズムにより昇順に整列させる時のプロセスを示したものである。**
91，58，15，80，34
ア～ツに数値を入れなさい。 [教 p.176]

ア	イ	ウ	エ	オ	カ
キ	ク	ケ	コ	サ	シ
ス	セ	ソ	タ	チ	ツ

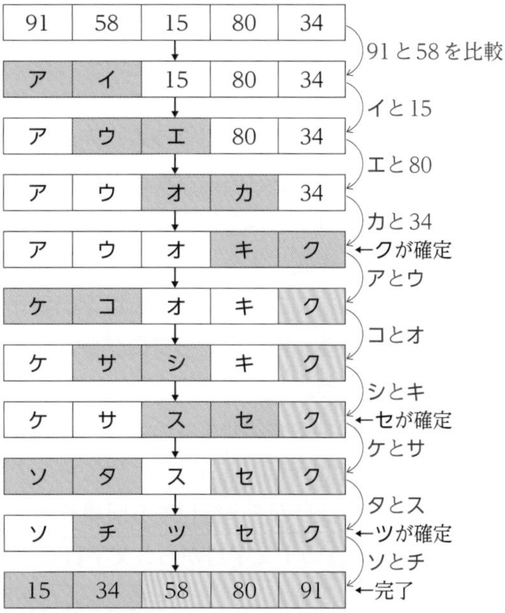

実習 07 プログラミングの実践(1)

教科書p.168

1 シーザー・ローテーション(教科書p.109参照)により暗号化を行うプログラムを作成しよう。

① シーザー・ローテーションにより1文字だけ暗号化する場合を考える。

右の表の文字を指定した鍵(ずらす文字数)で暗号化すると，それぞれ何になるか表を埋めよう。なお，鍵が正の場合は，アルファベット順で後ろにずらし，負の場合は前へずらすこととする。

元の文字	鍵	暗号化した文字
h	3	
e	-2	

② シーザー・ローテーションにより，1文字だけ暗号化するプログラムを作ろう。

以下のプログラムは次の考え方で作成している。

- 配列a：アルファベット順を格納，配列text：暗号化する文字列，key: 鍵(ずらす文字数)
- 線形探索を用いて，暗号化する文字の位置(配列aの添字)を取得する。
  例：aの位置(添字)は0，hの位置(添字)は7となる。
- 取得した添字に鍵の文字数を加えたものが，暗号化した文字の添字となる。
  例：h(位置7)，鍵3の場合，a[10](つまりk)が暗号化した文字になる。
- textに格納される文字は必ず配列aにあるものとする(大文字や，空白などは格納されない)。またkeyの値は-26から26までの範囲とする。

```
a = ['a', 'b', 'c', 'd', 'e', 'f', 'g', 'h', 'i', 'j', 'k', 'l', 'm', 'n', 'o', 'p',
'q', 'r', 's', 't', 'u', 'v', 'w', 'x', 'y', 'z']
text = ['h']                #暗号化(復号)する文字列
key = 3                     #暗号化の鍵(ずらす文字数)
#線形探索を用いて暗号化する文字の位置(何番目の文字か)を取得
i = 0                       #a[0](a)から探索を始める
while text[0] != a[i]:      #発見するまで探索を継続する
  i = [ (1) ]               #探索する位置(配列aの添字)を1加算する
print(a[i + key], end = '')      #元の文字の位置(添字)に鍵の文字数を足して，ずらした文字を表示
```

▶空欄①を埋めて，プログラムを完成させなさい。また①の表の条件でプログラムを実行し，正しく暗号化されることを確かめなさい。

③ ②のプログラムを修正し，5文字の文字列を暗号化するプログラムを作成しよう。

▶右に示したフローチャートと以下の考え方を元に，プログラムを修正しよう。完成したらプログラムを実行し，結果を以下の表に書き込もう。

- 暗号化する文字列を右のように配列textに格納する。
  text=['h','e','l','l','o']
- ②の5行目から8行目を5回繰り返し，暗号化する文字列(配列text)の1文字目から5文字目を1文字ずつ順に暗号化するように変更する。

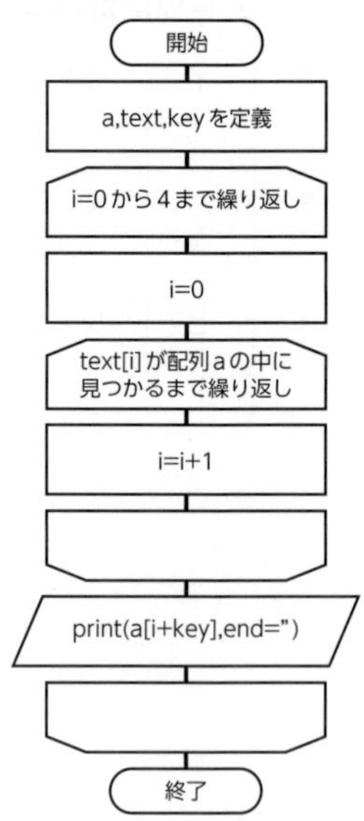

元の文字列	鍵	暗号化した文字列
hello	3	
khoor	-3	

2 **ここまで作成したプログラムは，xを鍵5で暗号化しようとした時など，アルファベット順からはみ出してしまう場合に対応できていない。その場合でも対応できるようにプログラムを改良しよう。**

① どのようにはみ出し対応を行ったらよいのか考察するために，以下の表をうめよう。

元の文字	key (鍵)	i (元の文字の添字)	i+key	変換すべき文字	変換すべき文字の添字
H	3	7	10		
X	3				
B	-3				

② ①の表をもとに考察し，i+key (元の文字の添字＋鍵) の値を3つに場合分けしてはみ出し対応の方法を決めよう。

i+key	はみ出し対応
0<=i+key<=25	i+keyそのままでよい
i+key>25	
i+key<0	

③ はみ出し対応をプログラムで行うために，②で決めたはみ出し対応を行う関数positionを作成することとした。以下のプログラムがその作成中のものである。この関数はiとkeyに相当する2つの引数を受け取り，その合計数に応じてはみ出し対応した結果を戻り値として戻す。空欄をうめて，関数を完成させよう。

```
def position(a, b):
  if a + b > 25:          #合計が25より大きい場合
    return [    (1)    ]
  else:
    if a + b < 0:          #合計が0より小さい場合
      return [    (2)    ]
    else:              #はみ出し処理が不要な場合
      return a + b
```

④ **1** ③のプログラムに関数positionを組み合わせ，シーザー•ローテーションを行うプログラムを完成させよう。以下に示す修正点を参考にプログラムを完成させ，下の表の条件で暗号化を実行し，実行結果を表に書き込み，正しく動作しているか確かめよう。

- プログラムの先頭に関数positionの定義を追加する。
- 最終行を関数positionを使用する形に変更する。　print(a[position(i,key)],end='')

元の文字列	鍵	暗号化した文字列
pizza	3	
slccd	-3	

実習

実習08 プログラミングの実践(2)

教科書p.168

1 ランレングス圧縮（教科書p.89参照）を行うプログラムを作成し，0と1の2進数で表されたデータを圧縮しよう。

① ここでは，配列aに格納された8bitの2進数データに対してランレングス圧縮を行い，圧縮結果を配列bに格納することとする。

- 圧縮結果は，符号，連続する長さの順に，右表のように配列bの各要素に格納する。
- 右表のデータの場合，最初に1が3つ続いているので，圧縮結果の最初の符号は1で，連続する長さは3となる。次は，0が1文字だけなので，符号は0，連続する長さは1となる。

配列名＼添字	0	1	2	3
a	1	1	1	0
b	1	3	0	1

▶配列aのデータが以下の時に，ランレングス圧縮の結果を書き込もう。

配列名＼添字	0	1	2	3	4	5	6	7
a	1	1	0	0	0	0	1	1
b								

② ランレングス圧縮を行うプログラムを作成する。

- プログラムで使用する変数は以下のように定義する。

符号を読み取る添字を表す	i
読み取った符号を保持する	code
符号が連続する長さ	length

- プログラムは右図のフローチャートで表したアルゴリズムで作成する。このアルゴリズムは，以下の考え方で作成している。
  最初の符号を変数に代入し，保持しておく。次の要素の符号と比較し，同一の符号だった場合は，連続する長さを1加算する。符号が異なった場合は，符号と連続していた長さを配列bの要素に追加する。連続する長さを1に戻し，次の符号を保持し直す。これをデータの最後まで繰り返す。繰り返しの終了後，最後の符号と，連続する長さを書き込む。

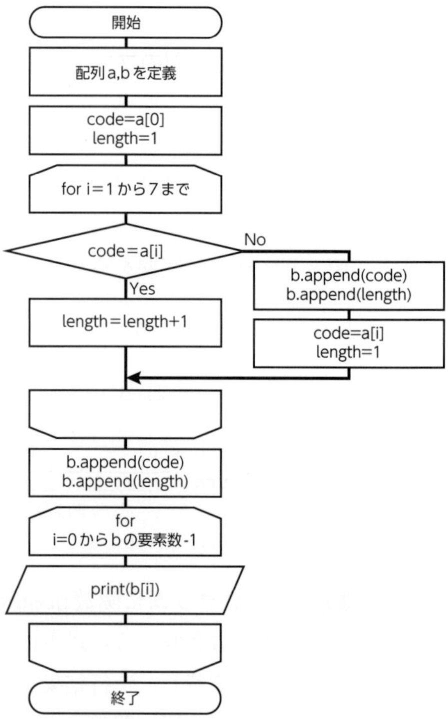

- 最後に圧縮結果を表示する。その際，配列bの要素数だけ繰り返させるために，次のようにfor文を記述する。
  for i in range(0,len(b)):　←len(b)で配列bの要素数を取得している。

プログラムを作成したら，以下の場合についてテストを行い，結果を下の表に書き込もう。

元のデータ	予想される結果	実際の結果
すべて1		
すべて0		
0と1が交互		

2 今度は，ランレングス圧縮によって圧縮されたデータを展開するプログラムを作成しよう。

① ここでは，配列bに格納されている圧縮データを展開し，配列aの各要素に書き込むこととする。圧縮データの先頭6bitが以下のようになっていた時に，展開した結果を書き込もう。

配列名＼添字	0	1	2	3	4	5	6	7
b	1	2	0	3	1	3		
a								

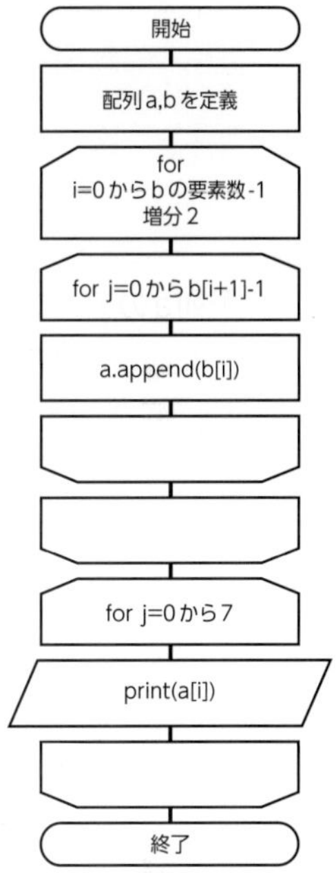

② ランレングス圧縮されたデータを展開するプログラムを作成する。

- プログラムで使用する変数は以下のように定義する。

圧縮データを読み取る列を表す	i
符号が連続する長さをカウントする	j

- プログラムは右図のフローチャートで表したアルゴリズムで作成する。このアルゴリズムは以下の考え方で作成している。
  最初に，配列bの1つ目と2つ目の要素に注目する。2つ目の要素に，符号が連続する長さが格納されているため，その長さの分だけ1つ目の要素の符号を配列aに追加する処理を繰り返す。次に，3つ目と4つ目の要素に注目し，同じ処理を行う。これを，データがある間繰り返す。
- 配列bに格納されている要素の数はあらかじめわからない。そのため，配列bの値を読み取る繰り返しを制御するfor文は，要素数を取得する関数lenを使用して，次のように記述する。
  for i in range(0,len(b),2)]

プログラムを作成したら，圧縮前のデータが以下の場合について，圧縮，展開を続けて実行し，元のデータと同一に展開されるかどうか確かめよう。

元のデータ	圧縮後のデータ	展開後のデータ
すべて1		
すべて0		
0と1が交互		

3 1，2で作成したプログラムを利用し，圧縮，展開まで通して実行しよう。その結果から何がいえるか考えてみよう。

実習

［(情Ⅰ 705) 最新情報Ⅰ］準拠
最新情報Ⅰ　第６章Python版＋ノート

本文デザイン
DESIGN+SLIM
松利江子

●編　者――実教出版編修部
●発行者――小田　良次
●印刷所――図書印刷株式会社

●発行所――実教出版株式会社
〒102-8377
東京都千代田区五番町５
電話〈営業〉(03)3238-7777
〈編修〉(03)3238-7785
〈総務〉(03)3238-7700
https://www.jikkyo.co.jp/

002402022
ISBN 978-4-407-35598-7